AF370936

RÉCAPITULATION

POUR M. le MARÉCHAL DE RICHELIEU.

CONTRE le Sieur VEDEL & fes Complices.

§. PREMIER.

Démonftration du faux & de fes Auteurs.

DE tout ce qui a été mis jufqu'à-préfent fous les yeux du Public & des Magiftrats, il réfulte ;

I°. Qu'il n'y a jamais eu ni caufe, ni intention de la part de Madame *de Saint-Vincent* de demander, ni difpofition de la part de M. le Maréchal à lui accorder, & encore moins au fieur *Vedel*, la moindre portion, ni des neuf cent mille liv., à quoi montent les deux mandats de cent mille écus chacun, & le billet au porteur de pareille fomme, qu'ils ont fait dif-paroître, ni des quatre cent vingt-cinq mille livres, montant des douze autres billets qui font dépofés au Greffe ; ni des quatre-vingt mille livres d'autres effets qu'elle annonçoit ci-devant lui avoir été promis.

A

La féduction imaginée pour motif de ces prétendues libéralités, eft une fable abfurde. On a démontré par la lettre de Madame de *Saint-Vincent* au fieur *Combette*, par celles de fa famille, par celles qu'elle rapporte de M. le Maréchal, par celles de M. l'Evêque de *Tarbes*, que c'eft elle qui a defiré de changer de Couvent ; que c'eft fa famille qui l'a fait transférer, en 1771, par ordre du Roi, pour un mois, de *Milhaud* à *Tarbes*; que dans la lifte des Couvens qu'elle propofoit, M. le Maréchal précifément excepte celui de *Montargis* qui l'auroit mife à fa proximité; qu'il l'a exhortée à la foumiffion ; & que c'eft fon mari qui a choifi *Poitiers*.

Par vingt de fes lettres trouvées parmi les papiers du fieur *Vedel*; que l'événement qu'elle difoit s'être paffé à *Poitiers* entr'elle & M. le Maréchal, motif de fes promeffes, ne quadroit point avec les époques de fon paffage par cette ville pour aller à fon Gouvernement, ou pour en revenir, & ne pouvoit regarder que le fieur *Vedel* à qui elle en rend compte, & à qui elle écrivoit : *Il eft bien à toi, je te le jure.* D'ailleurs, preffée de repréfenter les lettres qu'elle prétendoit lui avoir été écrites par M. le Maréchal fur un fait fi effentiel, elle a fini par avouer (art. 30) que dans aucune lettre *il ne lui a rien mandé de relatif,* & a fait difparoître, comme fauffe & fabriquée, cette fameufe lettre que fon Procureur avoit lue & proclamée à la Ville & à la Cour, & qui, par la reffemblance de l'écriture, avoit fait illufion à tant de perfonnes, contenant *reconnoiffance de l'enfant, & confeil de l'élever chez un Bourgeois.* De fon côté, le fieur *Vedel* preffé, à cinq reprifes, de s'expliquer fur la prétendue confidence de ce fecret, après avoir longtems tergiverfé, a pareillement fini par déclarer *qu'il n'a jamais eu de fecret, ni verbalement, ni par écrit, de la part de*

M. le Maréchal, & que ce font des folies de Madame de Saint-Vincent. Voilà donc le preftige diffipé par ceux mêmes qui l'ont préfenté aux regards de toute l'Europe.

On a, par furabondance, prouvé par d'autres lettres d'elle au fieur *Vedel*, dont l'une porte : *Je me meurs fi tu me laiſſe à Poitiers* ; que lui feul avoir été la caufe de fon évafion , & que c'étoit lui qu'elle étoit venue chercher à Paris en Mars 1770 ; qu'ainfi M. le Maréchal n'ayant aucune part à fa féduc-tion, ne pouvoit pas lui en devoir le prix.

On lui a démontré enfuite, par le tableau même qu'elle fait de fa mifere à l'époque de fon arrivée , par la lettre du Vi-comte de *Caſtellane* fon parent, du 26 Juillet fuivant, dont elle a envoyé l'original à M. le Maréchal; & par celle de fa main qu'elle y a jointe; enfin par une autre qu'elle lui a écrite à Fontainebleau à l'époque du mariage de M. le Comte d'Ar-tois, célébré le 16 Novembre ; que hors d'état de fubfifter à Paris, elle ne s'eft adreffée à M. le Maréchal que pour em-prunter de lui, à défaut du Vicomte de *Caſtellane*, les cent écus que ce parent étoit chargé, par fon mari, de lui compter pour les frais de fon voyage ; que M. le Maréchal , en lui en-voyant les cent écus par une lettre-de-change , loin de vouloir fomenter fes défordres & fon aviliffement , lui a reproché *les mauvaifes affaires où elle s'étoit fourrée avec une inconfidéra-tion fans exemple , & l'a exhortée à n'y plus retomber* ; qu'elle-même, loin d'attendre encore quelque chofe de lui, fe pro-pofoit de le payer, lui marquant par fa derniere lettre : *Je ferai bientôt à même de fatisfaire à tout ce que je vous dois.* Qu'ainfi la froideur extrême de leur relation, pour ne rien dire de plus, réfiftoit invinciblement à cette énorme profufion qu'elle & le fieur *Vedel* placent précifément dans le même intervalle de

A ij

4

tems ; qu'il étoit impoffible de conc'lier les cent écus donnés pour s'en aller, avec treize cens & tant de mille livres pour refter ; & que la quantité même de fes titres, jointe au défaut de caufe, en annonçoit clairement la fabrication.

II°. La démonftration du faux a été portée au plus haut degré d'évidence, & par le vice intrinfeque des pieces, & par la maniere frauduleufe dont elles ont reçu l'exiftence, & par toutes les circonftances concomitantes, & par la fuppreffion qu'ils ont faite des trois premieres & plus importantes, pour en empêcher la vérification.

Du premier mandat fpécialement, au profit de Madame de Saint-Vincent, qu'elle dit lui avoir été fait chez elle dès le mois d'Avril précédent, par M. le Maréchal lui-même dans un accès de commifération, & qui porte priere au fieur *Peixotto*, Banquier de Bordeaux, *de payer à elle Dame de Saint-Vincent les cent mille écus qui lui appartiennent*, pour lui acheter du pain ; mandat inutile à la vérité, fi cette fomme lui appartenoit ; plus inutile encore, s'il lui défendoit d'en faire ufage ; fufpeçt par fa réticence au fieur *Peixotto* à qui elle ne demandoit que 50 louis ; plus fufpeçt encore par le filence de fes lettres poftérieures, dont M. le Maréchal devoit être excepté, en fuppofant qu'il le lui eût impofé pour d'autres ; mais qui, par fon écriture, auroit au moins fervi d'appui à toutes les opérations fubféquentes.

Le faux du fecond mandat qu'ils datent, elle du même mois d'Avril, & le fieur *Vedel* du mois de Juillet, a été indiqué par la fingularité même, qu'ayant reçu & recevant encore de M. le Maréchal des lettres de deux pages, elle ait été avec le fieur *Vedel*, pour un mandat de deux lignes, chercher un Ex-Avocat dans un cabaret du *Luxembourg* ; & qu'ayant pris la peine de fe faire annoncer ce mandat par quatre à cinq let-tres, & envoyer au moins par deux, ils l'aient rendu inutile par une fauffe acceptation du fieur *Peixotto*, & aient fini par le fupprimer comme le premier.

Le billet au porteur, auffi écrit de main étrangere, de cent mille écus, qu'ils difent avoir été avec deux de 60,000 liv. fubftitué le 13 Novembre au fecond mandat, & enfuite con-verti, au mois de Février ou de Mars, en dix autres montans à 305,000 livres, a été convaincu de faux par la négociation qu'en faifoit encore long - tems après la femme *Leroi*, Cour-tiere du fieur *Vedel*, par la repréfentation que Madame *de Saint - Vincent* & lui en ont faite à M. *de Sartine* au mois d'Août fuivant, & par le parti qu'ils ont pris de le dérober à l'avenir aux regards de la Juftice.

LA FAUSSETE' des douze billets qui exiftent au procès, a été enfuite démontrée par le foin qu'ils ont encore pris d'en faire écrire les cotps, & fixer les fommes & les échéances par fept ou huit Ecrivains des rues dont ils ont oublié les noms & les demeures, fans pouvoir même fe rappeller le nom du do-meftique qu'ils avoient chargé de les aller chercher.

Par l'affectation d'avoir encore évité la préfence de M. le Maréchal pour la fignature, & par le retour étrange de ces billets tout fignés, fans qu'eux ni perfonne les lui euffent pré-fentés à figner.

Par fon *alibi* notoire aux deux époques qu'ils ont imprudem-ment choifies, du 13 Novembre 1773, & du 8 Mai 1774, à l'une defquelles il étoit à *Fontainebleau* pour les préparatifs du mariage de Monfeigneur le Comte d'*Artois*, & à l'autre à *Verfailles*, auprès du Roi mourant.

Enfin par le calcage manifeſte des douze ſignatures, dont huit ſe reſſemblent exactement, & quatre autres ont entre elles la même conformité, non cette conformité géométrique qu'imprime un agent néceſſaire, tel que la griffe, mais cette conformité phyſique qu'une main libre n'attrappera jamais à courſe de plume & ſans ſuivre à la tranſparence du verre les traits d'une écriture priſe pour modele.

L A fauſſeté des lettres acceſſoires qui ſont, ou des annonces d'argent ou des envois de billets, a pareillement été démontrée, & par la rupture du ſens, & par la maigreur, l'héſitation & le tremblement de l'écriture. On a fait voir que c'étoient toutes, ou des rapſodies de mots & de phraſes taillées en plein drap dans d'autres lettres (1), ou des lettres entieres originairement écrites pour d'autres fins, mais tirées aux cheveux & ajuſtées par le calcage aux mandats & aux billets; quelquefois d'une maniere ſi bizarre, qu'elles paſſeroient pour ce qu'on nomme vulgairement *coq-à-l'âne*, ſi elles ne ſe préſentoient ſous l'aſpect de *fripponnerie*.

D'abord, les quatre à l'adreſſe de *Poitiers*, deux deſquelles ſont des billets pour annoncer à Madame de *Saint - Vincent* une viſite de M. le Maréchal, où *Vedel* s'eſt fourré comme *tiers*, à la place d'un mot néceſſaire au ſens de la phraſe. Des deux autres qu'il ſuppoſe lui avoir été adreſſées à lui-même par M. le Maréchal, on s'eſt arrêté à celle du 19 *Juin*, conçue en ces termes : *Il convient, Monſieur, que Madame de Saint-Vincent retire 45,000 livres qu'un Procureur, dont j'ai oublié*

---

(1) *Verbi gratiâ.* Obſervez toujours avec ménagement la prudence imaginable avec votre argent.

*le nom, tient fous un dépôt . . . . . Vous aurois la bonté de gar-
der cet argent chez vous, & de payer finalement ces dettes. Je
vous ferai remettre une* somme *de 200,000 livres pour les
placer.* On a obfervé que M. le Maréchal n'ayant paffé à *Poitiers* en 1771 qu'au mois de Septembre, & le fieur *Vedel* ne
l'ayant vu & abordé, pour la premiere fois de fa vie, qu'à
cette époque, il ne pouvoit pas en avoir reçu une lettre le 19
Juin précédent; & que M. le Maréchal ayant paffé, en 1772,
précifément au mois de Juin, il ne pouvoit pas avoir écrit à
la même époque au fieur *Vedel*, pour une affaire qu'il pouvoit
faire par lui-même; qu'ainfi outre l'abfurdité intrinfeque de fa
lettre, fon anachronifme en démontroit la fabrication.

Celles à l'adreffe de Paris ont été de même battues en ruine,
comme étant prefque toutes timbrées des mots de *tiers* & de
mandat, dont le caractere difparat annonce clairement, que
ne fe trouvant dans aucune lettre originale de M. le Maréchal,
ils n'ont été formés que de lettres & de fyllabes prifes dans
l'alphabet du fauffaire.

On a obfervé que deux commençoient par la même phrafe.
*Ce n'eft indifférence ni abandon, ma chere coufine, qui m'a
empêché de vous voir*: phrafe tirée d'une lettre véritable, dont
le même ouvrier avoit fait deux autres éditions, par l'une
defquelles M. le Maréchal eft fuppofé confeiller à Madame
de *Saint-Vincent d'en faire part à fon tiers pour placer fon
argent*: & par l'autre, donner ordre *pour qu'on lui rende fon
mandat*, & compter qu'*elle adhérera à ce que fon tiers exi-
gera* (1).

---

(1) L'une cenfée écrite de *Compiegne*, en Juillet, fuppofe qu'alors Madame de Saint-Vincent avoit reçu *fon argent* de M. le Maréchal; l'autre

Entre les cinq autres lettres relatives à ce mandat, dont la première porte : *Votre mandat est sur le Banquier de Peschot ;* la seconde, *j'enverrai votre mandat ;* la troisieme, *soyez sûre que je ne partirai pas sans avoir remis le mandat ;* la quatrieme, *je remettrai votre mandat à cet homme qui est enfin arrivé ;* la cinquieme, *je vous envoie votre mandat avec des lettres qui vous feront encore plus de plaisir ;* on s'est attaché principalement à la seconde, qui est une ancienne lettre, par laquelle M. le Maréchal grondoit un peu Madame de Saint-Vincent *d'une étourderie,* lui marquoit au surplus *qu'il n'en étoit pas à cela près à son égard, & que pourvu qu'elle fût heureuse, il seroit content :* texte dans lequel le copiste a fait entrer le *mandat* à toute force & sans rime ni raison ; mais sur la dépravation duquel Madame de Saint-Vincent a jetté en outre elle-même un ridicule jusqu'à présent inoui, en produisant, par inadvertance, le type avec la copie ; par la comparaison desquels on voit, qu'à quelques mots près supprimés pour faire place à son *mandat,* tout le reste se ressemble ; mêmes dates, mêmes phrases, mêmes mots, mêmes fautes d'ortographe ; même format, même nombre, même longueur, même intervalle de lignes, même endroit de la page pour commencer & finir ; même distance entre les mots, même hauteur entre les lettres.

Et pour qu'il ne manquât rien à l'évidence de l'imposture, on a joint à ces deux lettres gemelles, trois autres projets trouvés parmi les papiers de *Vedel,* & dressés par lui pour M. le Maréchal, sous les dates des *12, 16 & 18 Octobre,* con-

---

censée écrite pendant le voyage de *Fontainebleau,* & conséquemment vers le mois d'octobre suivant, suppose que le fameux mandat n'étoit pas encore remis à cette époque à Madame de Saint-Vincent.

tenant

tenant promeſſe *d'envoyer , par un homme qui eſt enfin arrivé ,
ce même mandat* que Madame de Saint-Vincent avoit reçu ,
ſuivant elle , dès le mois d'*Avril*; & , ſuivant lui , dès le mois
de *Juillet* précédent.

Plus , à la lettre d'envoi ci-deſſus , on en a joint encore
une autre portant : *Je vous envoie ce billet.* Et comme ils y
appliquent auſſi la lettre de M. le Maréchal contenant envoi de
la lettre de change pour ſuppléer aux cent écus du Vicomte de
Caſtellanne , le mandat ſe trouvera avoir été envoyé trois fois ;
c'eſt-à-dire , que pour être plus ſûrs de l'avoir reçu , ils ne
finiſſoient pas de ſe l'envoyer.

On a réfuté avec la même vigueur la lettre d'envoi de leurs
trois billets au porteur , tant de celui de cent mille écus , que
des deux autres de 60000 livres qu'ils diſent y avoir été joints
par excès de généroſité ; lettre conçue en ces termes : *Je vous
envoie , ma chere Couſine , votre billet tout ſigné , & deux ; vous
paierez vos dettes avec un , & vous donnerez l'autre à votre tiers
pour le payer de ce que vous lui devez :* Et après avoir relevé ce
laconiſme qui peint ſi bien l'aſſujettiſſement du Copiſte à ſon
modele, on a fait obſerver la négligence de l'envoyeur qui avoit
oublié de comprendre dans le paquet d'autres billets du même
calcage. On a mis enſuite à côté de ſa lettre celle de M. le Maréchal à Madame de Saint-Vincent , datée *de Fontainebleau* ,
préciſément du même jour *13 Novembre* , ou du moins la copie
qu'elle en a remiſe à M. *de Sartine* , & qu'elle a reconnue depuis ; lettre qui dans toute ſa longueur ne fait pas la moindre
mention de billets , ni de quoi que ce ſoit d'approchant ; d'où
l'on a conclu que toute lettre contraire eſt fauſſe & apocryphe
& ne peut avoir été imaginée que pour couvrir la turpitude des
mandats & des billets.

On a fini par une derniere lettre faite pour les 80 autres mille

livres de billets qu'ils vouloient encore fabriquer , portant promeſſe de les ſigner & de les renvoyer ; lettre lue par Madame
de *St.-Vincent* à *Benavent* qui l'atteſte , & qu'elle avoue à pré-
ſent *ne lui avoir pas été écrite par M. le Maréchal* (art. 133) : &
l'on y a joint ſa réponſe du 16 Juillet 1774 à celle de M. le
Maréchal , après la découverte de toute cette *filouterie* , dont
elle feint *une parfaite ignorance* , & s'empreſſe de faire la re-
cherche , comme ſi elle n'avoit jamais vu ni billets ni lettres
d'envoi.

III°. Il eſt de la plus grande évidence que tout cela n'eſt que
l'ouvrage d'une compagnie d'eſcrocs , & qu'en fabriquant leurs
billets , ils ne ſe ſont pas propoſé de rien demander en face à M.
le Maréchal, mais ſimplement d'amorcer de tierces-perſonnes &
de faire des dupes.

Ils ont eu attention par leurs lettres d'envoi , de ſe faire re-
commander le ſecret , pour pouvoir le ſtipuler à leur tour.
Il ne faut pas penſer de paroître (diſoit celle du mandat) *de peur
de l'apprendre . . . Ne le prévenez pas* (ajoutoit une autre)
pour éviter un grand mal. . . . . Tout ce que je vous demande ,
(portoit l'envoi des billets) *c'eſt de n'en vendre aucuns , &
de n'en parler à perſonne d'un an. . . .* Ils n'ont même ſuppri-
mé leur mandats de cent mille écus , qu'après avoir été ſurpris
en faux par le Sr. Julien , Correſpondant du ſieur *Peixotto* ,
à qui l'on s'étoit adreſſé par mégarde pour emprunter là-deſſus
24000 livres.

C'eſt pour éviter le circuit & les inconvéniens de la pré-
ſentation, qu'ils ont pris la tournure de billets au porteur. Et ils
y ont mis de longues échéances, *afin* (dit Madame de Saint-
Vincent) *de ne jamais inquiéter M. le Maréchal*, ou (comme
le fait entendre un autre accuſé) pour lui donner le tems de
mourir , & tomber ſur ſa ſucceſſion.

A verti qu'il couroit des billets, depuis 20 jufqu'à 60000 liv. fous fon nom, il a dû préferver le public d'une filouterie dont chaque amorce pouvoit coûter la fortune entiere à ceux qui s'y laifferoient prendre.

Il convient, fans doute, d'arrêter par un exemple éclatant les progrès d'un art infame qui peut jetter le trouble dans toute la Société, éteindre la confiance entre les Citoyens, glacer d'effroi ceux qui favent écrire & figner, & abolir non-feulement le commerce de l'intérêt, mais même celui de l'amitié; art bien plus dangereux que celui des faux monnoyeurs dont le crime fe trahit par le poids du métal qu'ils emploient, & n'importe aux particuliers que pour quelques fauffes pieces d'or ou d'argent qu'on peut gliffer parmi de véritables; au lieu que le papier fouffre toutes les fommes dont on veut le charger. Mais cette follicitude regarde M. le Procureur - Général.

L'objet de M. le Maréchal n'eft que de venger fon honneur outragé par le complot & par les infultes de cette légion de

§. I I.

Gravité de l'outrage & difcernement des coupables.

Tant qu'il ne s'eft agi que d'arrêter le cours des faux billets, c'eft par Madame de Saint-Vincent, qui paroiffoit les avoir, qu'ont dû commencer les pourfuites. Mais l'affaire a changé de nature. Les perquifitions du Gouvernement & de la Police chez les diftributeurs de tant de faux papiers, y ont rencontré la preuve d'une trame bien plus abominable qui a depuis éclaté par l'interrogatoire. Il eft actuellement notoire qu'on a commencé par forger à M. le Maréchal une fauffe reconnoiffance d'enfant, pour colorer les faux billets qui ont été enfuite fabiqués fous fon nom. On lui préparoit même une lettre imitée d'après fon écriture, pour attirer au nom du feu Roi Madame de *Saint-Vincent* à la Cour, & fonder là-deffus de nouvelles fabrications de mandats & de billets. On ofe lui imputer aujourd'hui de l'avoir féduite, & de nier la fignature de fes engagemens envers elle, ou du moins de lui avoir donné de faux billets pour s'en débarraffer, & ce qui eft encore plus atroce, d'avoir, fous l'apparence de la libéralité, tendu par de vains titres un piege à la crédulité de cette femme, pour la livrer enfuite à l'ignominie publique par une accufation de faux. Et c'eft le Séducteur & le fauffaire qui ofe faire cette infulte à M. le Maréchal.

Il eft jufte de changer l'ordre du combat & du châtiment, & c'eft au fieur *Vedel* à marcher le premier ;

1°. *Comme fauffaire plus méchant & plus lâche.*

Il ne peut pas fe défendre du faux. C'eft chez lui a trouvé les inftrumens & les préparatifs, non pas à la vérité le verre, chofe commune & triviale qu'on peut fe procurer à chaque inftant, mais les morceaux de l'écriture de M. le Maréchal qui ne lui a jamais écrit, des coupons de lettres pris chez Madame de *Saint-Vincent*, coupons qui n'annoncent pas feulement une deftination, mais qui renfeignent que le furplus a déjà été difféqué & employé à d'autres ouvrages.

En vain fe recrie-t-on fur les fcellés appofés par ordre du Gouvernement, & fur la faifie de tout ce bagage honteux. Il ne doit point y avoir de fûreté pour la fcélérateffe. Il ne fauroit y avoir de foupçons fur l'autorité ; & jufqu'à l'infcription de faux contre les Officiers, l'on ne croira, ni qu'ils aient aug-

menté le nombre des pieces inventoriées, ni qu'ils en aient fouf-
trait aucune ; encore moins dans ce cas-ci où les fcellés dans la
maifon de la femme Leroi, receleufe de la manufacture du
fieur *Vedel* , ont été appofés à la requête d'un étranger inconnu à M. le Maréchal.

Madame de *Saint-Vincent* s'étoit, à la vérité, dès *Poitiers*,
exercée fur d'autres écritures & fur celle de M. le Maréchal : *Je*
vous envoie, mande-t-elle au Sr *Vedel*, *un morceau de lettre du*
Maréchal : je l'avois coupé un jour que je voulois vous le montrer.
Si vous pouvez lire deux lignes que j'avois effacées, elles vous
amuferont. C'étoient 45000 liv. qu'elle avoit ajoutées au bas de
la page, pour faire croire que M. le Maréchal lui envoyoit cette
fomme ; qu'elle avoit enfuite effacées, & dont elle avoit après,
comme le porte fa lettre, ôté l'effaçure avec de la mie de pain.
Ils ont fait réflexion qu'il n'étoit pas aifé de rencontrer la teinte
de l'encre, ni la qualité du trait, & qu'il étoit plus fûr de con-
trefaire fur un autre papier. Mais c'eft le fieur *Vedel* qui s'eft mis
à la tête de l'entreprife , & qui a raffemblé tous les matériaux.
Tenez, je vous envoie du caractere de cet homme . . . . & plus
bas, *je vous envoie deux lignes de la lettre du Maréchal, de ce*
Courier. . . . Dans une autre lettre : *J'ai penfé mourir de*
frayeur en ne trouvant plus ce papier déchiqueté. . . . *Je ne me*
fouvenois plus que je l'avois découpé pour donner le nom au pere ;
terme qui fent l'argot, & qui femble défigner le prote ou principal compagnon du fieur *Vedel*.

Il a été le compofiteur des modeles, &, finon l'exécuteur, au
moins le directeur du calcage. Il paroît même n'avoir précédé
Madame de Saint-Vincent à Paris, que pour y trouver des com-
pagnons fauffaires, & appréter tout avant qu'elle arrivât. A quoi
bon ces copies de lettres trouvées dans fon magafin, fous une

enveloppe étiquetée *Brouillons*, indifférentes pour lui, & écrites, par M. le Maréchal, à Madame de Saint-Vincent, si ce n'est pour en combiner les phrases plus à son aise, & voir quelles altérations, quels retranchemens & quelles additions on pourroit y faire? A quoi bon les copies, aussi de sa main, où le texte se trouve altéré, & détourné à des objets auxquels M. le Maréchal ne songeoit pas en écrivant, si ce n'est pour ajuster, dans le même ordre, les mots & les phrases déchiquetées qui manquent aujourd'hui aux lettres originales, & préparer ainsi un modele à ses contrefactions.? Le mot *brouillons* ne signifie-t-il pas un essai primordial de ce qui a été ensuite mis au net?

Qui est-ce qui a dressé ce modele-ci, qui étoit aussi parmi les brouillons : *J'ai donné ordre à Pechot; il vous comptera cent mille écus tout à la fois. Je le charge de retirer les 45000 livres qui sont chez ce Procureur. . . . Vous êtes la maîtresse de faire de cet argent ce qu'il vous plaira. . . . Je vous conseille de vous ménager des revenus pour vivre honnétement, quand vous serez rendue dans un Couvent, à Paris, & prendre soin de l'éduca*........

N'est-ce pas lui qui a dressé, de sa propre main, celui-ci? *Pechot se rendra avec les cent mille écus dont je l'ai chargé. Cela vous mettra à votre aise pour un tems. Il doit retirer les 45000 l. qui sont chez le Procureur. Je lui ai déja écrit, afin qu'il les donne, à son arrivée.*

Et celui-ci : *J'ai craint que Pechot ne voulût pas se résoudre à avancer ces cent mille écus, sans une grace de cette valeur que je lui avois promise. Je l'ai enfin obtenue, & je la lui ferai passer par ce Courier.*

Et cette lettre tant promenée, aujourd'hui reconnue pour fausse par Madame *de Saint-Vincent*, dans laquelle M. le Maréchal paroissoit *reconnoître l'enfant, & conseiller de l'élever chez un Bourgeois*, à qui peut-on attribuer la fabrication, qu'à l'auteur même de cette machination?

Le fieur *Vedel* convient (2· int. n. 54) *qu'ils fe font quelquefois amufés à faire enfemble des lettres, foit pour elle, foit pour lui*. C'eft donc auffi par amufement, dans leur demeure ici à Paris, au coin de leur feu, & fous fa dictée, qu'il s'eft fait écrire celle-ci : *J'ai écrit au Maréchal que je fuis dans l'excès de la mifere . . . . que j'étois en état de recevoir cet argent tant promis, fur lequel j'ai compté . . . . que j'ai trois perfonnes de plus à nourrir & à payer, le petit, la nourrice, &c.*

La plaifanterie feroit fort indécente, quand elle feroit reftée dans les termes d'une fimple fuppofition d'enfant. Mais en faire le fondement d'une autre expérience, & fabriquer là-deffus des mandats & des billets pour attraper de l'argent au Public, fous le nom de M. le Maréchal; le commettre ainfi avec toutes fortes de gens qu'il ne connoît pas, trafiquer de fa fortune & de fon honneur; ce fecond faux eft d'une audace incroyable.

Or, c'eft encore le fieur *Vedel* qu'on rencontre ici à chaque pas. C'eft lui qui fournit Mᵉ *Alleon des Goutes*, Mᵉ *Garriffon Delatour*, fon compatriote, & enfuite des Ecrivains des rues, pour écrire le corps des billets. C'eft lui qui s'en charge pour les porter à la fignature. (1)

Le moment de l'arrêter eft celui où les billets font dans fa main. Les y voilà. Mᵐᵉ. de S.-Vincent a du moins cette évafion de pouvoir dire qu'elle ne les a point fuivis, & qu'elle ne fait où il les a portés; que d'ailleurs elle a été induite en erreur par la couleur de la livrée qu'on avoit mife fur le corps de celui qui les lui a rap-

---

(1) V. fon premier interrogatoire, n. 3, & le premier de Madame *de St-Vincent*, n. 4·

portés. Mais lui qui en eſt le porteur , en devient reſponſable. Il faut, avant que d'aller plus loin , qu'il prouve qu'il les a fait ſigner à M. le Maréchal ; ſinon la Loi le répute auteur de la fauſſe ſignature (1).

Non-ſeulement il ne le prouve pas , non-ſeulement il y a impoſſibilité morale & phyſique que M. le Maréchal les ait ſignés , mais on trouve chez le ſieur *Vedel* les modeles écrits de ſa main des fauſſes lettres d'envoi dreſſées ſous le nom de M. le Maréchal.

Les mandats , les billets , les lettres fauſſes ſont tellement ſon ouvrage , qu'il les fait par cœur, & les récite tout entieres dans ſon interrogatoire.

C'eſt lui qui, après avoir préparé ces impoſtures, prend toutes les meſures pour empêcher , d'un côté , que les billets ne parviennent à la connoiſſance de M. le Maréchal , & de l'autre, qu'on ne puiſſe ſuſpecter la ſincérité des ſignatures. S'il en doutoit lui-même, il pouvoit lui écrire. Au lieu de prendre cette route ſi naturelle, il prend le détour d'aller demander à Me Dumoulin , Notaire, ſi c'eſt M. le Maréchal qui a ſigné, & de peur que la monſtruoſité même des billets n'ouvre les yeux à Mᶜ Dumoulin , il plie (ſuivant lui) le billet, ou (ſuivant Mᶜ Dumoulin) couvre le reſte de l'écriture , pour *ne lui en laiſſer voir que la ſignature* qui par la reſſemblance a dû ſéduire à la premiere inſpection tout homme non défiant ; lui fait une fauſſe confidence, & lui recommande le ſecret de la part de M, le Maréchal. Il n'a donc voulu qu'eſſayer le ſuccès de ſes fourberies, & tromper ce Notaire pour s'en ſervir enſuite à tromper le Public.

____

(1) *Ita ſe liberat ſi ſuam innocentiam probet.* Cod. ad leg. corn. de falſis, l, 4.

II

Il y mene *Rubit* après l'avoir circonvenu par la perfuafion que les billets avoient pour valeur une fomme de cent mille écus, prêtée pardevant Notaires par le pere de Madame de *Saint-Vincent* à M. le Maréchal lors de fon expédition de *Port-Mahon*, & l'avoir foumis, par une ftipulation expreffe, au fecret inviolable dont il avoit lié Me *Dumoulin*.

Il fait vendre à fon nom les nippes & meubles donnés en paiement par ce Frippier ; donne ordre à l'Huiffier-Prifeur de vendre à quelque prix que ce foit ; paie fon ameublement avec le produit de cette vente, paie 300 livres au Tailleur de fes neveux, acquite toutes fes autres dettes ; & quand Rubit commence à s'appercevoir qu'il eft joué, que lui-même fe voit découvert par M. le Maréchal, il tente une nouvelle efcroquerie pour rattraper les billets & la garantie qu'il en avoit donnée.

Non-feulement le faux eft entré comme moyen principal dans le plan du fieur *Vedel ;* mais Madame de *Saint-Vincent* n'a été que fon inftrument.

Elle n'étoit point novice (il eft vrai) dans l'art de calquer ; elle en avoit fait quelques effais qui lui avoient mal réuffi à *Milhaud* & à *Poitiers*. Mais fa cupidité s'étoit bornée à quelques robes ou à d'autres objets auffi minutieux, & elle n'avoit point encore imaginé d'attaquer l'honneur de qui que ce foit, pour lui arracher de l'argent.

Il étoit réfervé au fieur *Vedel* de lui pervertir toutes les facultés de fon ame, & de lui faire prendre un effor auffi prodigieux vers le crime & l'infamie.

Elle lui marquoit, entr'autres chofes, qu'elle avoit pris toutes les précautions poffibles pour *cacher fon état à M. le Maréchal lors de fon paffage*. Par une autre lettre : *J'ai un terrible*

pas à faire (lui écrivoit-elle) *je ne sais comment je m'y pren-*
» *drai.* . . . *Ces menteries* (dit-elle par une autre) *ne sont*
» *pardonnables que quand on peut lire ma façon de penser ;*
» *sans cela, c'est affreux.* . . . *Tout cela m'a fait passer une*
» *vie assez malheureuse que j'aurois donnée vingt fois pour un*
» *liard* ».

Il étouffe chez elle ces remords & ces restes de pudeur,
lui vend les preuves qu'elle demandoit de son attache-
ment, lui en fait chercher le prix dans le vol & l'escamo-
tage, lui arrache pour le succès de ses intrigues le sacrifice
de ce que les femmes ont de plus cher, & la détermine à fein-
dre l'adultere & la prostitution pour attrapper l'argent qu'il
veut avoir.

« *Es-tu content de moi* (dit-elle à ce sujet)? *Je ferai tout ce*
» *que tu voudras.*

» *Le mois prochain* . . . *tu auras de l'argent. J'aurai fait*
» *le tour du monde pour l'attrapper,* &c. »

Il s'assure de sa discrétion. « *Soyez tranquille sur notre in-*
» *trigue : elle n'est connue de personne* ».

Il l'amene à cet excès de dépravation, de rire entr'eux des
personnes qui sont assez imprudentes pour les croire, & à cet
excès d'intrépidité de se familiariser avec l'image du supplice &
la faire servir à leurs plaisanteries.

Sube, alors Intendant de M. le Maréchal, avoit donné un
instant dans leur panneau. « *Je t'envoie pour t'amuser la con-*
» *sultation de Sube pour le placement de mon argent sur les*
» *Indes ou sur les Fermes.*

» *Cette lettre du Roi* . . . *& cette grimace de pendu.* . . . *Je*
» *ne puis penser à cette folie sans rire, à présent que je la tiens*
» *dans ma poche* ».

C'eſt donc le ſieur *Vedel* qui l'a ſubjuguée pour mettre la main avec lui à la trame déteſtable qu'il avoit ourdie ; & quoiqu'elle ſoit inexcuſable de s'y être prêtée, c'eſt ſur lui que doit tomber tout le poids du châtiment.

Il eſt encore le chef des coupables comme auteur de la diffamation la plus calomnieuſe & la plus atroce.

2°. *Diffamation.*

Quoique mille fois confondu par toutes les pieces qui ſont au procès, & par ſes propres aveux, il vient d'employer une autre falſification de pieces pour renouveller ſes calomnies.

M. le Maréchal, en répondant à la lettre de Madame de Saint-Vincent du mois de Juillet 1773, & en lui envoyant par lettre de change les cent écus qu'elle demandoit, l'exhortoit *à ſe corriger*, & la renvoyoit, comme dans d'autres lettres, & notamment dans un des fragmens du magaſin de modeles, à *Sube*, alors ſon Intendant, pour *la tirer des mauvaiſes affaires où elle s'étoit fourrée par une inconſidération ſans exemple*. C'étoit lui dire, en termes équivalens, de rompre avec le Sr *Vedel*, unique cauſe de ſa miſere & de ſon abjection. Cette lettre fait partie de celles dépoſées au Greffe. Si *Vedel* y eût été, *Vedel* y ſeroit encore. Madame de *Saint-Vincent*, qui, dans toute cette affaire, ne fait qu'un avec le ſieur *Vedel*, n'auroit eu garde de l'effacer. Ce ſont eux qui avant le dépôt ont pris la précaution de ſurcharger le nom de *Sube*, & enſuite de raturer le tout ; rature qui n'eſt qu'un crime de plus, & qui ne peut s'imputer qu'à ceux qui avoient la piece en leur poſſeſſion. Quoiqu'on y apperçoive encore l'*e* qui termine *Sube*, & ue la premiere lettre ait paru douteuſe aux Experts entre le *v*

& l'*s*, le fieur *Vedel* prend aujourd'hui avantage de fes manœuvres, pour dire que c'eft fon nom qui eft rayé, & que c'eft à lui que M. le Maréchal adreffoit Madame de *Saint-Vincen* pour la réformation de fes mœurs, l'arrangement de fes affaires, & le placement de cent mille écus; fe donne ainfi la qualité de confident, rétracte le ferment contraire qu'il a fait dans fon interrogatoire, affirme, comme ci-devant, avoir fu de M. le Maréchal qu'il étoit débiteur de Madame de *Saint-Vincent* pour féduction, & le traduit comme un homme qui veut, contre les loix de l'honneur, la livrer à un opprobre éternel après l'avoir féduite.

Voilà donc un homme qui, convaincu par cinq cent lettres produites au procès d'être le féducteur, donne à M. le Maréchal le fruit de fa diffolution, & bâtit fur ce fondement le fyftême d'une rapine immenfe, y prend 60,000 livres à découvert, & treize cent mille livres par la main de fon efclave. C'eft cet homme qui voyant enfuite l'édifice de cette fortune infame battu en ruine, charge de fes faux celui qui en devoit être la victime, & qui après avoir abandonné folemnellement fes premieres calomnies, effaie d'y revenir par le parjure & l'effacement de tous les veftiges de la vérité. L'impunité d'un homme de cette efpece ne feroit-elle pas un fcandale public?

M. le Maréchal mettra volontiers à part fes titres & fon rang. Si la néceffité d'en impofer fur d'énormes crimes a pu faire franchir avec audace au fieur Vedel les termes du refpect dans lefquels nos Loix & nos mœurs le renfermoient vis-à-vis d'un Pair & d'un Maréchal de France, la Cour dont M. le Maréchal a l'honneur d'être Membre, la France, l'Europe entiere, réclameront pour lui les égards qui lui font dûs. Mais, par où sa personne avoit - elle démérité du sieur *Vedel ?* Qu'avoit - il fait qui dût lui attirer les complots & les attentats de cet inconnu ? N'est - ce pas le dernier degré de la lâcheté , quand on est coupable d'un crime , de chercher à en transférer la peine & le déshonneur sur un autre ? Quel fut le châtiment de ce malheureux qui , ayant fabriqué huit lettres séditieuses , avoit osé les imputer à quatre Chanoines de Beauvais ? Madame de *Saint-Vincent* nous l'apprend , page 7 de son Mémoire , & rapporte l'Arrêt du 10 Septembre 1691 qui le condamne au dernier supplice. M. le Maréchal n'éprouve t-il pas la même insulte & la même perfidie que ces Chanoines ? A Dieu ne plaise qu'il desire une aussi triste satisfaction : Mais le sieur *Vedel* peut-il désormais rester dans la classe des citoyens honnêtes ?

Benavent son ami vient après. Cet homme d'un état & d'une réputation au moins équivoques a osé être l'écho des déclamations impuissantes de la calomnie contre l'honneur de M. le Maréchal. Il est associé à l'entreprise du faux , & connoît l'endroit où l'on signe. *Il faut* (dit la lettre saisie dans sa poche lors de sa capture) *faire signer les billets. Nous ne pouvons prévoir ce qui peut arriver. Gagnons tout ce que nous pourrons.* Il a d'ailleurs servi de second au sieur *Vedel* pour tromper *Rubit.* Il doit donc l'accompagner sur le théatre de la vindicte publique.

Quant à Madame de *Saint-Vincent* , elle est déjà condamnée à l'oubli par son respectable pere. M. le Maréchal se reprochera toujours de n'avoir pas suivi l'inspiration de M. l'Evêque de *Tarbes* , qui lui écrivoit il y a bientôt cinq ans : *vous la connoîtrez un jour , j'aurai l'honneur de vous revoir , & alors vous nous jugerez*. Mais quoique les bons offices qu'il n'a cessé de lui rendre en l'honneur de la parenté aggravent ses torts envers lui, il veut bien ne voir en elle que les crimes du séducteur sous l'empire duquel elle vit encore à présent. Et il se contentera de lui laisser, ainsi qu'à ses autres adhérents, l'opprobre auquel les honnêtes gens les ont condamnés il y a long-tems, jugement de l'opinion toujours certain, & qui ne peut manquer d'être confirmé par celui des Ministres de la Loi.

La postérité le vengeroit, si l'on pouvoit supposer que son siecle oubliât ce qu'il a fait pour remplir les devoirs que lui imposoit la dignité qu'il tient de sa naissance, & mériter celles qui font la récompense des services d'un Homme de son rang.

Signé, LE MARÉCHAL-DUC DE RICHELIEU.

MM. { *ROLLAND DE CHALLERANGE*, } *Rapporteurs*,
{ *TITON DE VILLOTRAN*, }

M^c D E S P R E Z, Procureur.

De l'Imprimerie de L. CELLOT, rue Dauphine, 1776.